Bullying

Bullying

Como prevenir, combater e tratar

CRIS POLI

MUNDO CRISTÃO

Os textos das referências bíblicas foram extraídos da *Nova Versão Transformadora* (NVT), da Tyndale House Foundation, salvo indicação específica.

Edição
Maurício Zágari

Preparação
Daniel Faria

Revisão
Ana Luiza Ferreira

Produção
Felipe Marques

Diagramação
Marina Timm

CIP-Brasil. Catalogação na publicação
Sindicato Nacional dos Editores de Livros, RJ

P823b

Poli, Cris
Bullying : como prevenir, combater e tratar / Cris Poli. - 1. ed. - São Paulo : Mundo Cristão, 2022.
96 p. ; 15 cm.

ISBN 978-65-5988-094-2

1. Assédio nas escolas. 2. Violência na escola - Prevenção. 3. Agressividade (Psicologia). I. Título.

21-74096 CDD: 371.58
CDU: 37-064.3

Leandra Felix da Cruz Candido - Bibliotecária - CRB-7/6135

Categoria: Família
1ª edição: fevereiro de 2022
Impressão digital sob demanda

Publicado no Brasil com todos os direitos reservados por:

Editora Mundo Cristão
Rua Antônio Carlos Tacconi, 69
São Paulo, SP, Brasil
CEP 04810-020
Telefone: (11) 2127-4147
www.mundocristao.com.br

A pais, professores e educadores em geral.
Que as informações transmitidas neste livro levem entendimento sobre a seriedade do *bullying*.

SUMÁRIO

AGRADECIMENTOS

A Deus, pela bênção de poder compartilhar com cada leitor um pouco de toda a experiência que ele tem me permitido viver.

À minha família querida, que sempre tem me acompanhado, fortalecido e incentivado. Especialmente ao meu marido, Luciano, que sempre está ao meu lado.

A cada mãe e pai que tem me acolhido com carinho em conversas sobre momentos difíceis em sua família, confiado em mim e seguido meus conselhos.

Cada um de vocês tem me fortalecido e animado para seguir em frente com a missão que Deus colocou em minhas mãos: ajudar famílias.

PREFÁCIO

Ajudar as pessoas com seus problemas é dever de todos. Por isso, agradeço a Deus pela vida da querida Cris Poli, que há anos se dedica à nobre e tão importante missão de auxiliar os pais na educação dos filhos e na resolução de conflitos.

Em nossa sociedade, vemos hoje um comportamento que assola crianças e adolescentes de forma negativa, desestabilizando sua vida e a de sua família: o *bullying*. Vivemos em um mundo onde o amor, a generosidade, as palavras abençoadoras e incentivadoras, o reconhecimento do outro e o respeito foram substituídos por indiferença, críticas e palavras depreciativas, que levam a uma baixa autoestima. O problema é grave, pois agressões e rótulos podem deixar marcas profundas na personalidade de uma pessoa. Daí a importância deste livro, no qual Cris Poli se dirige a pais e educadores a fim de trazer uma indispensável reflexão sobre a necessidade de combater as atitudes hostis do *bullying*.

Os filhos são herança de Deus. Portanto, os pais devem promover em seu lar um ambiente de amor, aberto ao diálogo, estabelecendo laços afetivos estreitos e sólidos, que garantam um desenvolvimento psicoemocional estável e confiante. Com isso, os filhos estarão preparados para vencer todos os desafios.

Este guia auxilia na instrução, na orientação e nos cuidados com os que sofrem e também com os que praticam o *bullying*, para que se tornem indivíduos bem ajustados socialmente e adultos normais e psicologicamente equilibrados.

LÍDIA ARCOS
Pastora da Igreja Cristã da Flórida do
Ministério Igreja Cristã do Morumbi

INTRODUÇÃO

A criança chega em casa silenciosa e se tranca no quarto. O adolescente estudioso começa a tirar notas ruins na escola. Muitos tornam-se irritadiços e passam, sem motivo aparente, a dar respostas malcriadas. Os pais ou responsáveis começam a perceber que algo não vai bem. Após alguma conversa, inicialmente relutante, os filhos enfim abrem o coração e relatam: estão sofrendo diariamente agressões físicas ou verbais de colegas da escola ou do primo mais velho. E isso está tornando sua rotina um inferno.

Essa situação fictícia, ou outras equivalentes a ela, são muito reais, concretas e dolorosas na vida de milhares de crianças, adolescentes e jovens por todo o mundo. E esse processo tem nome: *bullying*. O termo vem do inglês *bully*, que poderia ser traduzido como "valentão" ou "brigão". Mas, apesar de a palavra ser estrangeira, esse tipo de problema acontece todos os dias em nosso país e afeta milhares de pequenos brasileiros — com graves desdobramentos para os adultos que eles se tornarão.

Assim que se dão conta do problema, os pais ou responsáveis se veem diante de uma situação difícil, que exige atitudes firmes e imediatas, e para a qual não se prepararam. Sem saber o que fazer, podem tomar decisões e ações que venham mais a prejudicar que a ajudar.

Ciente disso, resolvi escrever este livro, a fim de ajudar famílias em que haja vítimas de *bullying* a superarem o problema de modo compassivo, eficaz e o menos traumatizante possível. Por isso, acredito que as páginas a seguir contêm ensinamentos valiosos para as famílias das vítimas e, também, dos agressores, que frequentemente se veem obrigadas a passar a vergonha de descobrir que o pequeno membro de seu grupo familiar está impondo sofrimentos a amigos, colegas e até parentes.

Vamos juntos nessa jornada, a fim de combater esse antigo, mas sempre atual, inimigo de crianças, adolescentes e suas famílias: o *bullying*. Boa leitura!

1

BULLYING: ASPECTOS GERAIS

O *bullying* é um problema mundial. Não acontece só no Brasil, e embora esse termo tenha sido adotado por aqui há poucos anos, é um tipo de mal cuja prática vem de longa data. Refere-se a agressões intencionais, que podem ser verbais ou físicas, feitas de forma repetitiva por uma ou mais de uma pessoa contra um ou mais indivíduos. Com o avanço do tempo, o *bullying* tem se manifestado até mesmo de maneira moral, sexual ou virtual.

Ainda que seja um problema que sempre existiu na história da humanidade, só ultimamente tem despertado a atenção necessária. Até poucas décadas atrás, considerava-se que era um tipo de brincadeira de crianças ou adolescentes e, por isso, era tolerado por educadores e pais. Porém, a prática começou a ser estudada de forma mais sistemática na década de 1970, quando o psicólogo sueco Dan Olweus se dedicou à investigação de uma série de casos de suicídio. Ele chegou à conclusão de que todos tinham sido consequência de um *bullying* muito agressivo, intenso e iniciado na adolescência.

Algumas dessas agressões são de mau gosto. Outras, nem tanto. Porém, essa prática começou a tomar proporções tão grandes que despertou a preocupação até entre os especialistas, como educadores e psicólogos, que vêm se posicionando contra, fazendo campanhas em escolas e lançando alertas na grande mídia.

A prática acontece mais entre meninos que meninas. No meio dos meninos, o *bullying* é mais caracterizado por agressão física, violência, irritação com apelidos e outras ações que têm como objetivo — mesmo inconsciente — diminuir a autoestima do agredido.

Entre as meninas, ocorre com menos frequência e tem características diferentes, porque, junto ao sexo feminino, o *bullying* se manifesta mais na forma de fofocas, isolamentos, ciúmes, cochichos depreciativos e atitudes similares. Tudo isso leva as meninas ao isolamento e à retração e, consequentemente, gera dificuldade de estabelecer vínculos reais de amizade.

Seja como for, o resultado final do *bullying* é exatamente este: a pessoa se isola e sua autoestima passa a ser afetada por qualquer coisa, seja pelas agressões físicas, seja pelos ataques verbais.

A idade mais frequente para a manifestação do *bullying* é entre 11 e 15 anos, ou seja, no início da adolescência. Isso não quer dizer que crianças menores não pratiquem *bullying*, mas, quando ocorre entre os mais novos, é com muito menos intensidade, frequência, maldade e agressividade. A faixa etária de 11 a 15 anos é caracterizada por insegurança, em razão das mudanças que ocorrem física, emocional e psicologicamente nos indivíduos. Isso os leva a querer descobrir quem são e qual é seu lugar na sociedade, o que, em pessoas com certas características, acontece mediante a manifestação desse comportamento opressor.

Em geral, as crianças e os adolescentes que praticam *bullying* apresentam características em comum. Costumam ser indivíduos hostis, agressivos e, em sua maioria, sofreram *bullying* quando eram menores. O ambiente familiar deles tende a ser permissivo e seus pais apresentam dificuldade de impor limites e dispor de tempo de qualidade para estar com as crianças. São ambientes difíceis, onde ocorrem brigas por qualquer coisa, com agressões verbais ou físicas.

“

As crianças e os adolescentes que praticam *bullying* sentem prazer nessa atitude, por desejo de descontar em alguém a dor das agressões e humilhações que sofreram ou da violência doméstica. Eles se alegram em canalizar essas frustrações e descarregá-las sobre outras pessoas.

”

As crianças e os adolescentes que praticam *bullying* sentem prazer nessa atitude, por desejo de descontar em alguém a dor das agressões e humilhações que sofreram ou da violência doméstica. Eles se alegram em canalizar essas frustrações e descarregá-las sobre outras pessoas.

As vítimas do *bullying*, por sua vez, também apresentam características semelhantes entre elas. Geralmente, são crianças ou adolescentes quietos, passivos, que não tomam iniciativa, inseguros, com baixa autoestima, ansiosos e solitários. Muitos foram abandonados ou deixados de lado pela família. Sem receber a atenção devida, acabam adotando atitudes que os levam a ser abandonados socialmente. Em grande parte, são crianças que choram muito e por qualquer motivo, até mesmo sem causa aparente. São retraídas, caladas e introvertidas, do tipo que sofre em silêncio e não se comunica de maneira regular com os adultos e outras pessoas da mesma idade.

Tanto as crianças e os adolescentes que sofrem *bullying* quanto os que o praticam necessitam de ajuda, seja porque estão muito machucados e cheios de feridas, seja porque a agressividade precisa ser trabalhada a fim de que se tornem indivíduos mais aptos ao convívio social.

Existem alguns estágios no desenvolvimento do *bullying*. Na infância, até 4 anos, as crianças usam muito a linguagem corporal. Por essa razão, frequentemente batem, mordem, empurram ou praticam algum tipo de agressão. Isso, no entanto, não é considerado *bullying*, mas uma manifestação da linguagem corporal. Os pequenos simplesmente exprimem, por meio desse tipo de atitude, os sentimentos ou as emoções que sentem nas diferentes situações.

A partir dos 5 anos é que as crianças começam a entender o que é agressão. Passam, então, a agredir com a intenção de machucar e, também, a intencionalmente colocar apelidos. Essa é a diferença da atitude anterior, quando não havia intenção de ferir o outro. Porém, já aos 5 anos, os especialistas detectam essa intenção, o que pede que sejam estabelecidos limites para evitar que elas pratiquem o *bullying* no futuro.

Se os pais estão perto das crianças e observam esse tipo de postura, é importante que tomem iniciativas para impedir, durante o desenvolvimento, a progressão dessa atitude agressiva. Se nada for feito, começarão a surgir conflitos, que, por sua vez, darão lugar à agressividade.

Portanto, as crianças precisam de ajuda para resolver os conflitos que venham a ter e que podem se manifestar em forma de ciúmes, dificuldade de ganhar ou perder ou, até mesmo, problemas para dividir espaços com generosidade. Os pais precisam, então, ajudar as crianças a sanar esses atritos emocionais ensinando que podem resolvê-los sem a necessidade de partir para a agressão. Se praticada com frequência e sem a imposição de limites, com o passar dos anos essa agressão se transforma em *bullying*.

Um problema de amplo alcance

Ano após ano, as pesquisas têm demonstrado que cresce, no Brasil e em todo o mundo, a porcentagem de adolescentes que relata já ter sofrido algum tipo de *bullying*, psicológico ou físico, principalmente nas escolas. Como consequência desse aumento constante, em 6 de novembro de 2015, o Brasil aprovou uma lei *antibullying*, com medidas a serem tomadas seriamente nos colégios ou em casos em que se pratique o *bullying*.

Porém, o *bullying* existe não somente no ambiente escolar, mas até mesmo dentro da família, praticado por parentes,

“

Certa mãe matriculou o filho em um curso de teatro, para que o menino, que tinha desenvolvido uma atitude reservada, introvertida e silenciosa, pudesse pôr para fora todas as dores e, com isso, sarar as feridas que haviam ficado em sua alma.

”

irmãos, primos, pais ou avós. A diferença entre o *bullying* imposto por familiares e aquele que é praticado por pessoas de fora é que dentro da família há uma quebra de confiança, uma atitude que as crianças não esperam que aconteça, por se tratar de um ambiente que deveria ser o porto seguro delas. Se vierem a ser agredidas dentro da família, isso mexerá muito mais profundamente com suas emoções e o sofrimento será muito maior.

O problema não é exclusivo de uma ou outra classe social. Ocorre tanto entre os mais pobres quanto entre os mais ricos, porque a agressividade é uma atitude inerente ao ser humano, independentemente do estrato que ocupe na sociedade. A propensão à violência, em maior ou menor escala, faz parte da natureza humana e precisa ser canalizada, trabalhada e orientada desde a mais tenra idade.

Conheço casos de crianças que sofreram *bullying* na escola. Quando os pais tomaram conhecimento do problema, procuraram a professora, a coordenadora e a diretora da instituição e, como resultado, foram tomadas medidas adequadas para pôr fim às agressões. Mas, por outro lado, os pais também tomaram atitudes com o filho que eu considero muito importantes, como dialogar bastante com ele, para que expressasse o que estava sentindo.

Em alguns casos, medidas adicionais foram tomadas. Certa mãe matriculou o filho em um curso de teatro, para que o menino, que tinha desenvolvido uma atitude reservada, introvertida e silenciosa, pudesse pôr para fora todas as dores e, com isso, sarar as feridas que haviam ficado em sua alma. Essa atitude foi muito sábia, pois abriu caminho para que a escola pusesse fim ao mal e permitiu que a criança exteriorizasse os sentimentos decorrentes do que havia sofrido.

Fica claro como é essencial a presença dos pais na vida dos filhos, acompanhando o crescimento e o desenvolvimento das crianças. É importante que, dessa proximidade, venha a percepção de mudanças de comportamento — seja da parte do agressor, seja da parte do agredido.

Uma de minhas netas começou a sofrer *bullying* na escola, aos 8 anos, por ser alta e magrinha. O resultado é que passou a chorar antes de ir para o colégio e a não querer mais frequentar as aulas. Sua mãe conversou bastante com ela sobre as origens daquele comportamento e, assim que compreendeu o que estava acontecendo, fez de tudo para fortalecer a autoestima da menina. Por fim, chegou a convencê-la a ir falar com a professora, ela mesma, a fim de denunciar a colega que estava praticando o *bullying*. Minha neta se sentiu apoiada pela mãe e fortalecida por sua atitude e, com isso, foi até a professora e conversou com ela. A educadora, por sua vez, encaminhou a questão para a coordenadora e a escola agiu com rapidez para pôr um fim ao problema.

É extremamente importante que os pais compreendam que não devem ficar bravos ou violentos com os filhos caso percebam mudanças de atitude. Pelo contrário, precisam entender a situação e buscar ajudá-los, fortalecê-los e aumentar sua autoestima, para que possam enfrentar o problema o mais rapidamente possível.

2

OS PRINCIPAIS DANOS

O *bullying* produz muitos danos psicológicos, por se tratar de uma agressão contínua. De certo modo, podemos dizer que é um tipo de tortura. Não se considera *bullying* um episódio de agressão isolado, mas somente se a agressão é repetida de forma constante, sistemática.

Se não há uma reação contra a prática do *bullying*, a vítima fica cada vez mais retraída, distante, afastada de tudo, introvertida, ensimesmada. Essa postura costuma encorajar os agressores a continuar com seu assédio, acrescentando novas atitudes violentas sobre essas crianças — o que gera prazer para o praticante da violência. É comum os agressores começarem a dar risadas e desfrutar da pretensa superioridade que o *bullying* lhes sugere.

Tudo isso afeta terrivelmente a personalidade da criança ou do adolescente, principalmente pelo fato de que estão na fase da vida de pleno desenvolvimento da personalidade.

É justamente nessa época que os indivíduos buscam autoafirmação e procuram saber quem são, o que estão fazendo, qual é seu objetivo e que rumo devem dar à vida. A atitude de sofrer calado é cumulativa, e esse amontoado de emoções reprimidas acaba causando insegurança, retração, emocionalismo exacerbado (pessoas que choram por qualquer coisa) e dificuldades de relacionamento. Se não for feito algo a respeito, as vítimas de *bullying* têm grandes chances de se tornarem pessoas que terão dificuldade de conversar, se expressar e compartilhar o que estão sentindo ou pensando.

Se ocorrer ao longo de muitos anos, desde a infância até a adolescência, o *bullying* pode ter muitas consequências na vida adulta. Isso ocorre porque as agressões sofridas vão, com o passar do tempo, modelando, formando toda a maneira de essa pessoa se relacionar com o mundo. Tais indivíduos começam a cobrar atitudes de si mesmos a fim de agradar os outros, no intuito de ser aceitos socialmente. Afinal, o que ficou registrado em sua mente e em suas emoções é que eles não são aceitos. E, para evitar a rejeição, essas pessoas começam a se cobrar atitudes que normalmente um adulto seguro de si não tomaria.

“

Em grande parte, o *bullying* está na gênese de casos de adolescentes que matam colegas na escola, algo muito comum nos Estados Unidos. Com frequência, aqueles que praticam tais atos assassinam muita gente e, por fim, tiram a própria vida. Esses episódios mostram o grau de tensão interna que o *bullying* pode causar no ser humano.

”

O resultado é que adultos que sofreram *bullying* — sem tratamento — na infância ou na adolescência começam a fazer tudo o que os outros lhes pedem, mesmo que sejam coisas absurdas. É como se o seu lema fosse: *Tudo para ser aceito*. Eles começam, também, a se cobrar para se destacar nos desafios. Como não suportam o peso da baixa autoestima, acabam se dedicando aguerridamente a fazer algo que os projete.

Ao longo dos anos e em razão da pressão emocional, surgem traumas psicológicos que, como vimos, podem levar ao desejo de autodestruição. Por não suportar a carga, isso pode acabar levando tais indivíduos ao suicídio e, até, ao homicídio. Isso ocorre porque eles descarregam nos outros ou em si mesmos a dor insuportável da falta de amor-próprio. É comum vítimas de *bullying* se tornarem adultos cheios de raiva e ódio, o que, um dia, pode explodir de modos danosos.

Em grande parte, o *bullying* está na gênese de casos de adolescentes que matam colegas na escola, algo muito comum nos Estados Unidos. Com frequência, aqueles que praticam tais atos assassinam muita gente e, por fim, tiram a própria vida. Esses episódios mostram o grau de tensão interna que o *bullying* pode causar no ser humano. Fica claro, portanto, que não estamos lidando apenas com uma brincadeira ou um comportamento normal ao desenvolvimento, mas, sim, com um mal que pode originar tragédias.

Como cada pessoa é uma pessoa, com individualidades, históricos e realidades familiares diferentes, as implicações são variadas. Suicídios e homicídios são casos extremos. Mas, dependendo do contexto social em que a criança ou o adolescente se encontra, o resultado das agressões sofridas pode ser o ingresso na vida de crime.

Portanto, se os danos emocionais sofridos por longo tempo de vitimização por *bullying* não forem bem canalizados e trabalhados, a fim de que se transformem em atitudes positivas, posturas de desafio à lei social podem ser uma triste realidade abraçada por quem sofreu o problema. Talvez não chegue a tanto, mas a pessoa pode se tornar agressiva.

Às vezes, a opressão sofrida traz consequências até mesmo psicossomáticas. A criança pode somatizar o dano na forma de comportamentos como insônia, medos ou temperamento explosivo.

Problemas profissionais e familiares

O *bullying* sofrido nos estágios iniciais da vida pode afetar também o desempenho profissional do indivíduo no futuro. Como é comum as vítimas terem problemas de relacionamentos e dificuldades de lidar com questões inerentes a um ambiente profissional — como hierarquias e trabalho em equipe —, é notória a possibilidade de serem "engolidas" pelas demandas do ambiente corporativo. Num mundo competitivo como é o nosso, em que cada vez mais se espera segurança e proatividade dos profissionais, indivíduos inseguros, que não conseguem tomar decisões, acabam sendo superados pelos concorrentes.

Não é raro encontrar casos de depressão entre as vítimas de *bullying*. Muitas se tornam pessimistas, tristes, inseguras e apáticas. A depressão tornou-se uma doença bastante comum entre as crianças, o que pode levar a uma fobia escolar, por exemplo, se as agressões ocorrem no âmbito da escola.

Como um conta-gotas, o *bullying* acrescenta emoções negativas e pensamentos indesejáveis, dia após dia, até que o acúmulo de dores chega a proporções inexplicáveis e inesperadas. Isso acaba produzindo efeitos variados,

“

Como um conta-gotas, o *bullying* acrescenta emoções negativas e pensamentos indesejáveis, dia após dia, até que o acúmulo de dores chega a proporções inexplicáveis e inesperadas. Isso acaba produzindo efeitos variados, diferenciados pessoa a pessoa.

”

diferenciados pessoa a pessoa. Algo precisa ser feito para detectar o problema no início, a tempo de o indivíduo receber a assistência necessária.

O *bullying* sofrido não na escola ou em um ambiente externo, mas no âmbito da família acaba gerando as mesmas consequências que aquele que ocorre em outros contextos, como isolamento, baixa autoestima, choro fácil, sentimentos de solidão ou abandono e insegurança. As vítimas acabam evitando o contato com as pessoas da família e desenvolvem sensações de medo, raiva e desamparo.

Por tudo isso, os pais precisam ter extremo cuidado com aquilo que dizem aos filhos, porque, muitas vezes, falam coisas das quais se arrependem depois. Nós, seres humanos, somos mais propensos a reprovar e ver o lado negativo do que o positivo de nossos filhos. Com isso, saem de nossos lábios com muito mais facilidade palavras críticas, de reprovação e de ameaça do que elogios ou incentivos positivos. Precisamos ter cuidado, porque tudo isso pode se transformar em *bullying* praticado por nós mesmos. Cuidado, até mesmo, com a forma como rotulamos nossos filhos, porque rótulos geralmente são negativos — e isso é *bullying*.

3

COMO SABER QUE O FILHO ESTÁ SOFRENDO *BULLYING* E COMO AGIR

Como vimos, é de extrema importância saber evitar ou identificar casos de *bullying* ainda no início, a fim de se antecipar aos problemas que essa forma de violência possa vir a provocar nas crianças e nos adolescentes, no presente ou no futuro.

Nesse sentido, o diálogo é fundamental. Todo pai e toda mãe deve ter por hábito conversar com os filhos, escutar o que dizem e estar aberto às opiniões, reclamações ou sugestões que eles possam ter sobre diferentes assuntos. Eles precisam ter muito claro que o lar é um espaço onde sempre serão ouvidos e onde podem se expressar livremente acerca do que estão sentindo.

Ninguém deve esperar algo acontecer para, só então, reagir. Ações preventivas são sempre melhores do que reações terapêuticas. Converse desde cedo com seus filhos sobre tudo o que tem a ver com *bullying* e incentive-os a informar sobre casos que testemunhem ou dos quais venham a ser vítimas.

Também é muito importante estimular e valorizar entre as crianças qualquer atitude que seja tomada por elas no intuito de evitar o problema, como respeitar os outros, tolerar as diferenças, receber bem as opiniões divergentes e não impor pontos de vista. Comece a trabalhar desde cedo esse assunto com as crianças, estabelecendo regras de disciplina — primeiro, em casa e, depois, na escola, para que haja coerência entre as regras impostas e as atitudes dos adultos.

Em todo grupo de estudante há líderes, e essa liderança pode ser positiva ou negativa. No caso de liderança negativa, ela pode levar ao *bullying* — praticado pelos próprios líderes ou incentivado por eles. Já a liderança positiva precisa ser valorizada, estimulada e exemplificada, para que os líderes naturais exerçam influência positiva sobre os colegas e, com isso, potenciais casos de *bullying* sejam evitados. Os pais precisam estar atentos às atitudes dos filhos, isto é, ligados emocional e psicologicamente às atitudes deles.

Do mesmo modo, professores, coordenadores e diretores das escolas precisam se relacionar com os alunos para

“Todas as informações sobre *bullying* precisam ser muito bem transmitidas para crianças, adolescentes e adultos. As potenciais vítimas têm de saber se comportar caso venham a sofrer *bullying*, e os adultos também necessitam ter orientações claras sobre como agir e se comportar diante de um ato intencional de agressão que ocorre duas, três, quatro ou mais vezes contra seus filhos, alunos ou familiares.”

descobrir possíveis casos de *bullying* ou a influência ou liderança negativa de certas crianças ou adolescentes. O objetivo é agir imediatamente, a fim de evitar ou mudar as situações de agressão.

Além do diálogo, outra forma de detectar cedo potenciais agressões é a informação. Para combater o *bullying*, é essencial que todos entendam perfeitamente o que é *bullying* — as crianças, os pais, os parentes, os professores, os educadores, todos. Precisa ficar muito claro que não se trata de uma brincadeirinha inofensiva, em que um "tira sarro" ou provoca o outro. O *bullying* é uma atitude que tem a intenção de machucar a outra pessoa, física ou emocionalmente (ou os dois), e isso pode ter consequências graves.

Todas as informações sobre *bullying* precisam ser muito bem transmitidas para crianças, adolescentes e adultos. As potenciais vítimas têm de saber se comportar caso venham a sofrer *bullying*, e os adultos também necessitam ter orientações claras sobre como agir e se comportar diante de um ato intencional de agressão que ocorre duas, três, quatro ou mais vezes contra seus filhos, alunos ou familiares.

Toda formação começa com informação clara e objetiva — recebida dentro de casa. A escola é um ambiente onde ocorre continuidade — ou deveria ocorrer. Se um adulto vê que algumas crianças estão implicando com outras, precisa intervir, sem medo, e tomar alguma atitude para evitar que o comportamento continue. Isso desarma de alguma maneira os praticantes de *bullying* e protege as vítimas.

Portanto, se uma criança ou um adolescente se sente ameaçado por um colega, é importante ele saber identificar o problema (mediante a informação) e se sentir à vontade para se aproximar de algum adulto a fim de relatar o que está acontecendo (mediante o diálogo). Já os adultos precisam estar atentos, observando todas as manifestações que acontecem em volta deles, seja na escola, seja em casa, e devem participar com inteligência das brincadeiras das crianças, intervindo em casos em que o *bullying* aconteça.

Reforço: é sempre muito melhor evitar que o problema venha a ocorrer, agindo o mais rápido possível. E isso só é possível com informação e diálogo. Se a vítima não sabe bem o que está acontecendo e não encontra canais de comunicação com os adultos, dificilmente conseguirá superar o medo que sente, principalmente se houver mais de um agressor.

A importância da primeira reação

A reação da vítima diante da ameaça ou do começo do *bullying* é muito importante para determinar se o *bullying* continuará ou não. Os agressores se entendem poderosos diante de vítimas passivas, e a falta de reação reforça sua confiança. Eles se sentem mais fortes e estimulados a continuar ou até agravar a situação.

Entre as informações que os pais precisam transmitir para os filhos estão orientações sobre como se defender e agir caso se vejam em uma ameaça de *bullying*. É preciso trabalhar isso em casa, transmitindo confiança aos filhos, com elogios e apoio diante de atitudes positivas. Quando uma criança é valorizada naquilo que tem e faz de bom, ela desenvolve autoconfiança, que, por sua vez, promove uma postura adequada diante de uma ameaça de *bullying*.

Como a primeira reação ao problema é fundamental, é essencial que os filhos saibam como agir. O mais importante e, ao mesmo tempo, muito difícil, é se manter calmo. Se a criança é empurrada, ameaçada ou chamada por um termo depreciativo, a primeira reação geralmente é ficar chateada e se assustar. Porém, se isso acontece, o agressor

“

Talvez uma atitude calma não mude a situação, mas, certamente, pode evitar que ela piore. Quem pratica o *bullying* gosta de ver as vítimas assustadas, amedrontadas, acuadas. Para evitar que isso ocorra, quem sofre a violência tem de demonstrar uma atitude calma.

”

ganha confiança e acha que "está dominando a situação". Portanto, quem sofre o *bullying* precisa se manter calmo, ter uma atitude firme e se posicionar de maneira sólida diante dos agressores.

Talvez uma atitude calma não mude a situação, mas, certamente, pode evitar que ela piore. Quem pratica o *bullying* gosta de ver as vítimas assustadas, amedrontadas, acuadas. Para evitar que isso ocorra, quem sofre a violência tem de demonstrar uma atitude calma. O que é importante é os adultos darem às crianças meios de elas se defenderem em uma situação dessas.

Tão logo o pai ou a mãe tome consciência de que seu filho está sofrendo *bullying* no ambiente escolar, precisa ir à escola e procurar conversar com a professora, a coordenadora ou a diretora (ou as três), a fim de perguntar quais medidas a escola tomará diante da situação e, se for o caso, procurar estabelecer um canal de diálogo com os pais da criança agressora. E isso, ressalto, deve ser feito sempre com muita calma, sem brigas.

Ao fazer isso, você não só estimula medidas concretas de combate à continuidade do mal, mas transmite confiança e segurança ao seu filho, pois ele saberá que os pais estão do lado dele, protegendo-o de uma situação de violência e agressão.

Além disso, é fundamental um acompanhamento, com questionamentos regulares para saber se a situação se repetiu ou não.

Além do diálogo e da informação, outro aspecto muito importante é o estímulo às amizades na escola. Para ter amigos, é preciso ser amigável, buscar aproximação junto a outras crianças, se solidarizar com elas e se aproximar. Quem se mantém isolado, no seu canto, sem interagir muito com os outros, é mais propenso a ser vítima de *bullying*, uma vez que o agressor percebe que não há quem o defenda. Quando as crianças estão em grupo, é mais difícil que aconteça uma situação de *bullying*.

Um outro aspecto é o encorajamento. Se a criança não sofre *bullying*, mas testemunha situações de *bullying*, deve ser incentivada a ter a coragem de relatar para um adulto o que está acontecendo. Existe certa tensão nessa questão, pois não é raro que se confunda o relato de uma agressão com uma "delação". Mas é preciso ficar claro que uma coisa é fofocar, dedurar, e outra é denunciar uma situação de *bullying*. É importante que os colegas da vítima denunciem o problema, como um ato de proteção social.

O adulto, por sua vez, precisa estar atento quando alguma criança relata situações de *bullying*, a fim de acolhê-la, mostrar interesse real e agir de maneira eficaz, dialogando com as pessoas envolvidas na situação. É importante preparar o filho para que o posicionamento seja positivo junto aos adultos que estão perto dele.

Sempre é bom ensinar às crianças algumas técnicas de autodefesa, pois isso lhes dá confiança. E que não se confundam as coisas: o objetivo não é promover a briga nem a violência recíproca, mas dar confiança aos pequenos para que se sintam preparados a enfrentar qualquer situação que possa acontecer.

É importante considerar que a criança agressora provavelmente vive situações em casa que são desconfortáveis e ameaçadoras. Geralmente, ela vive em um ambiente de agressividade, falta de atenção e ausência de um referencial paterno ou materno. Quem sabe ela mesma sofra *bullying* no ambiente doméstico. Assim, essa criança não sabe como canalizar a violência a que ela própria está sujeita a não ser reproduzindo, mimetizando com terceiros aquilo que ela enfrenta como vítima.

Naturalmente, essa criança e os pais dela também precisam de ajuda. É um movimento social em que as pessoas precisam desenvolver atitudes de união e amizade, ajuda e respeito mútuo. Afinal, mudar as habilidades morais e sociais das pessoas não é fácil e leva tempo.

Um conselho bom é que se oriente as crianças a se afastarem da situação em que estão sofrendo *bullying*. Portanto, se alguém as está xingando ou chamando de apelidos depreciativos, sem chegar ao extremo da violência física, é bom sair do contexto e ir para outro lugar — principalmente onde haja adultos —, a fim de denunciar o que está acontecendo antes que a situação escale para impactos mais sérios.

Nenhuma vítima de *bullying* deve se sentir diminuída, nem insegura, por denunciar a agressão que sofre. Por isso, é importante que o adulto também esteja alerta, para que perceba de que maneira pode auxiliar as crianças que estão sendo atacadas e, também, ajudar aquelas que estão agredindo — porque elas têm problemas.

Sinais claros

É sempre possível identificar que um filho está sofrendo *bullying*, porque as crianças dão sinais do que está acontecendo. Nos casos mais graves, elas podem chegar com hematomas, roupas rasgadas ou com algum sinal físico de que foram vítimas de algum tipo de agressão. Elas também podem se isolar, se trancar no quarto e evitar falar.

Um sinal muito frequente é o medo de ir à escola. Se a criança começar a dizer que não quer ir ao colégio nem participar das atividades escolares, é importante ir fundo e diagnosticar os motivos. A queda súbita no rendimento também é um sintoma de *bullying*. Quando uma criança ou adolescente que costumeiramente obtém notas altas passa a tirar notas baixas, pode significar que as situações que a afetam estão influenciando sua concentração nos estudos. Outros sintomas de *bullying* podem ser a distração constante (o que leva a vítima a começar a perder objetos), recusa de sair de casa, tristeza, solidão, irritação a troco de nada e mudanças de humor.

Portanto, a manifestação de um desses sinais ou qualquer outra alteração brusca no comportamento deve ser levada em conta. Pais e mães que percebem que o filho está agindo de modo diferente devem ficar alertas e investigar o que está acontecendo, pois é bem possível que ele esteja sofrendo algum tipo de *bullying*.

A família tem um papel muito importante na identificação do *bullying* que o filho possa estar sofrendo, principalmente no que se refere à aproximação da criança ou do adolescente. Para isso, é fundamental ter um relacionamento estável, próximo, amoroso e presente.

“

Na escola, os professores precisam estar atentos. Não existe escola que não tenha de lidar com casos de *bullying*. Eles podem ocorrer em maior ou menor grau, mas em todas instituições de ensino o problema está presente.

”

Na escola, os professores precisam estar atentos. Não existe escola que não tenha de lidar com casos de *bullying*. Eles podem ocorrer em maior ou menor grau, mas em todas instituições de ensino o problema está presente. Afinal, as escolas recebem diferentes tipos de seres humanos, com estruturas familiares distintas, históricos próprios e comportamentos específicos. Hoje, toda essa situação de violência e agressão é estimulada pela internet, por meio, principalmente, de *games*, o que acaba migrando para o ambiente escolar.

Há escolas que afirmam não sofrer com casos de *bullying*, mas creio que estão fechando os olhos para a realidade, o que não resolve nada. Os olhos dos educadores precisam estar abertos para observar, analisar as diferentes situações e constatar o comportamento dos alunos. É preciso haver conversas e palestras sobre diferenças sociais e respeito mútuo, junto com um trabalho de assessoramento destinado às diferentes camadas sociais.

Além da família e da escola, outras instituições que a criança frequenta também têm papel importante na identificação do *bullying* e no combate a esse mal. É o caso, por exemplo, da igreja. Todas as pessoas que têm contato com crianças ou adolescentes precisam observar, analisar, dialogar e desenvolver um relacionamento de amizade e aproximação com as crianças e os adolescentes, a fim de aconselhá-los e orientá-los, agindo com rapidez caso ocorra algum tipo de comportamento abusivo.

Eu já relatei o caso de *bullying* que minha neta sofreu. Um fator muito importante foi a identificação rápida do problema por parte da família. Como minha filha é muito presente na vida de minha neta, logo identificou os sintomas do mal e tomou uma atitude. Ela tem um relacionamento bom com minha neta e, graças a essa proximidade, a menina se abriu e contou logo o que estava acontecendo, sem temores ou restrições.

A conclusão é que é fundamental que pais, professores e outros adultos do convívio rotineiro das crianças e dos adolescentes estejam sempre atentos e bem informados, a fim de prevenir o *bullying* ou evitar que ele se perpetue. O objetivo é conseguir que tanto as vítimas quanto os agressores recebam a ajuda de que precisam para que se tornem indivíduos bem ajustados socialmente e adultos normais, equilibrados e, por fim, felizes.

4

TOMANDO PROVIDÊNCIAS

O momento em que os pais se dão conta de que um filho está sofrendo *bullying* é muito crítico. Também costuma ser bastante desagradável, porque posicionar-se a favor do filho é tomar alguma atitude contra o agressor. Nessa hora, é preciso conter as emoções e os sentimentos negativos e manter a calma. É importante ser compreensivo, tentar entender o que está acontecendo em detalhes e esclarecer a situação.

Para que uma análise cuidadosa do problema seja feita com correção, é essencial ouvir o filho, incentivá-lo a relatar o que aconteceu, deixar que ele fale sem se afobar, manter a calma (mesmo em meio a choros ou exaltações) e permitir que a criança ponha para fora o que aperta seu peito. Diálogo é o primeiro passo. Devemos conversar com o filho, a fim de saber exatamente o que está acontecendo.

Uma vez que se toma ciência da situação, o passo seguinte é ir à escola (ou ao ambiente envolvido na situação) para saber se os responsáveis estão cientes do problema e qual atitude será tomada — ou já foi tomada. O importante, e imprescindível, é se posicionar junto à professora, em primeira instância, mas, também, à coordenação ou à direção, no intuito de saber quais serão os desdobramentos do caso, com foco em prevenção e solução.

Como já vimos, em paralelo é fundamental orientar a criança para que ela não tome uma atitude passiva diante do *bullying*. Ela não deve reagir contra-atacando, mas se posicionando, enfrentando o medo e o susto e não deixando abertura para o prosseguimento dos ataques. Ela precisa saber que se posicionar frente ao agressor é indispensável, para não permitir que o mal volte a acontecer.

Evidentemente, não é fácil enfrentar os valentões, sempre há dificuldades físicas, emocionais e sociais, em especial dependendo da idade e do contexto. Com crianças menores, é mais difícil conseguir que ela se posicione de forma firme, já com as mais velhas talvez não seja tão complicado. Porém, o que nunca se deve esquecer é que a vítima de *bullying* só tomará medidas enérgicas e necessárias a partir do posicionamento e do raciocínio dos pais. Ela nunca pode se sentir sozinha no combate ao problema, mas tem de se sentir segura, orientada e amparada.

Nunca devemos esquecer que uma situação de *bullying* envolve, no mínimo, duas partes: o agressor e o agredido. Ambos precisam receber atenção, instrução, cuidados e orientação. Há muito a ser feito, com ambos. É comum a família das vítimas exigir medidas punitivas para o agressor. No entanto, deve-se ressaltar que é possível tomar diversas atitudes — da parte dos pais dos algozes e da escola, ou instituição, onde aconteceu o mal — sem necessidade de punir diretamente a criança. Muitas vezes, se ela ouvir uma explicação ou uma palestra, assistir a um vídeo didático ou algum outro meio que a leve a refletir sobre suas ações, poderá se dar conta do erro cometido, o que a levará a se arrepender e mudar de atitude. Portanto, os responsáveis devem conversar com a direção da instituição envolvida a fim de determinar a atitude a ser tomada.

O agressor precisa de tanta ajuda quanto o agredido, porque suas atitudes demonstram que ele não sabe se relacionar com os companheiros e, por isso, entende que tem de impor sua vontade por força, violência, agressão verbal, agressão física, desmoralização do outro e coisas assim. Ele,

“

O agressor precisa de tanta ajuda quanto o agredido, porque suas atitudes demonstram que ele não sabe se relacionar com os companheiros e, por isso, entende que tem de impor sua vontade por força, violência, agressão verbal, agressão física, desmoralização do outro e coisas assim. Ele, visivelmente, não está preparado para a vida em sociedade e, portanto, deve receber orientação amorosa e paciente sobre união, amizade, respeito, perdão, parceria, aceitação de diferenças.

”

visivelmente, não está preparado para a vida em sociedade e, portanto, deve receber orientação amorosa e paciente sobre união, amizade, respeito, perdão, parceria, aceitação de diferenças. Se isso for feito cedo com quem demonstra esse comportamento problemático, há boas chances de essa criança se reavaliar e aprender a conviver em sociedade. Isso evitará dramas comuns a adolescentes, jovens e adultos cujas raízes estão nos primeiros anos de vida.

Ressalto que nenhum processo de diálogo se dá de maneira rápida, seja com o filho, seja com a escola. Na verdade, é um processo lento. A reação que acontece de um dia para o outro tem de ter um acompanhamento, com conversas francas e abertas, com muito suporte. Se o caso for grave, os pais devem considerar consultar um especialista, possivelmente um psicólogo, a fim de que a criança tenha os instrumentos necessários para superar os traumas causados pela agressão.

No caso de questões ocorridas no seio da família, é preciso compreender que desavenças em um ambiente familiar são normais, pois se passa muito tempo junto e há uma demanda intensa de relacionamentos. Então, é natural haver briguinhas entre as crianças, entre crianças e adultos, ou mesmo entre adultos. Porém, se essas desavenças continuam

“O foco deve ser o esclarecimento dos fatos, o reconhecimento das atitudes erradas, o perdão e a reconciliação. O objetivo é que, ao fim da conversa, as crianças se abracem e o relacionamento entre elas seja amigavelmente restabelecido.”

e se tornam cada vez mais fortes, extrapolando o permitido ou o razoável, pode se transformar em *bullying*. É até possível que, no começo, não haja essa intenção, mas, depois de um tempo, sem mesmo que se perceba, a situação de *bullying* pode se instalar.

Essa realidade deixa muito claro que o discernimento dos pais ou responsáveis é fundamental. Eles devem estar sempre atentos, a fim de identificar situações em que ocorrem excessos inaceitáveis. Caso ocorram, é o momento de intervir. Isso só é possível se os pais estiverem por perto, observando. Se estiverem distantes, não terão como julgar cada episódio. Se perceberem que uma situação de atritos naturais começa a extrapolar o limite, precisam imediatamente intervir e tentar conversar, para que as crianças acertem entre elas essas desavenças. Caso não consigam estabelecer a paz por meio do diálogo, é necessário intervir de forma mais enérgica, até mesmo distanciando as partes em conflito. E, em última instância, se a coisa fica muito séria, recorrer a um especialista.

É extremamente comum ocorrerem briguinhas entre irmãos ou primos próximos: um cutuca o outro, o outro devolve a provocação, e assim por diante. É importante que os adultos que estão por perto — pais, principalmente, mas também tios ou avós — tomem a iniciativa de conversar com as crianças para esclarecer a situação: quem começou, quem não começou, quais as razões do atrito e coisas assim. Porém, o foco deve ser o esclarecimento dos fatos, o reconhecimento das atitudes erradas, o perdão e a reconciliação. O objetivo é que, ao fim da conversa, as crianças se abracem e o relacionamento entre elas seja amigavelmente restabelecido.

Irmãos são passíveis de sentir ciúmes, cobiçar coisas do outro, mentir, retaliar e assim por diante. Por isso, é necessário tomar atitudes a tempo que evitem que os atritos naturais da convivência acabem se transformando em *bullying*, com consequências maiores. Situações de *bullying* na família são sérias e afetam todos, porque as crianças estão em contato diário com irmão, tios, avós e pais.

Se as brigas são constantes, muitas vezes isso é resultado de problemas no ambiente doméstico. Como as crianças são bastante receptivas a conflitos familiares, principalmente entre os pais, acabam descontando nos irmãos. Portanto, é importante os pais observarem, com autocrítica, o que está ocorrendo, para tentar resolver as questões e tomar atitudes que evitem o surgimento de casos de *bullying* na família.

Não podemos esquecer que o ambiente doméstico deveria ser, idealmente, o porto seguro das crianças, o lugar onde elas se sentem protegidas e compreendidas. Por isso, são muito importantes fatores como o diálogo, a observação das atitudes dos membros do grupo familiar e ações práticas que demonstrem respeito mútuo. As crianças precisam ser respeitadas em casa a fim de que cresçam respeitando os adultos, os amigos e os colegas.

Um elemento que merece atenção dos pais é a forma como os filhos aprendem a lidar com os sentimentos. Eles têm de desenvolver, em casa, a habilidade de lidar com aquilo que se passa em seu coração e em sua mente. Desde que a criança nasce, ela é exposta a situações que provocam reações relacionadas aos sentimentos, como raiva, ciúmes e irritação. Ela precisa aprender, como todo ser humano, a administrar as emoções que brotam a cada nova situação. Não se pode deixar que a criança exploda por qualquer razão, agrida outras pessoas em decorrência de insatisfações, machuque ou xingue. Ela precisa receber orientações adequadas sobre como se portar no momento em que surgem tais sentimentos. Os pais têm de mostrar aos filhos, com o exemplo pessoal, como se controlam emoções para que não redundem em agressividade.

O mesmo vale para a expressão do amor, do carinho, da alegria. Tudo tem de ser controlado, entendido e canalizado da melhor maneira possível. Os pais precisam ensinar os filhos a viver cada fase do desenvolvimento individual de forma saudável. Depois, à medida que vão crescendo, aprendem a lidar com outras situações. O importante é saber que isso faz parte do ensinamento familiar, em um acompanhamento diário e na instrução acerca do que fazer com cada sentimento. Caso contrário, no futuro, serão pessoas com dificuldades para viver em sociedade. Os pais nem sempre estarão junto deles, que se tornarão cada vez mais independentes e autônomos conforme crescem.

Como parte dessa influência positiva sobre os filhos, sempre aconselho os pais a lhes darem, desde pequenos, tarefas domésticas. Com isso, eles crescerão com a noção de responsabilidade, colaboração, vida em comunidade e auxílio ao próximo. Crianças que crescem assim são mais propensas a resolver problemas, tomar decisões em conjunto, trabalhar em equipe e participar com motivação mesmo das pequenas coisas, aparentemente sem importância, como o passeio ou a compra de alguma coisa. E isso deve ser feito sempre dando espaço para que a criança se manifeste.

Treinamento para a vida

Os responsáveis por crianças que começam a entrar na idade de sofrer *bullying* precisam lhes explicar desde cedo o que é esse conceito e como devem se posicionar caso venham a ser vítimas desse mal, tomando atitudes coerentes com a idade, a situação em que vivem e o grupo de coleguinhas com quem vierem a ter problemas. Isso requer investimento de tempo, diálogos e presença.

É muito mais saudável preparar as crianças de forma preventiva, antecipada, para a possibilidade de situações futuras de *bullying* do que ter de agir de forma emergencial e inesperada. Elas precisam entender por que são alvos de *bullying* — na eventualidade de ele ocorrer — e ser auxiliadas para superar as dificuldades de relacionamento em possíveis situações.

Mas o fato é que nem sempre é interessante que haja uma intervenção direta dos responsáveis em uma situação de *bullying*. O mais importante é observar, conversar e ficar calmo. Porém, quando a coisa fica séria, com agressividade

“

As crianças precisam aprender a lidar com situações negativas da vida por si sós. Os pais devem ensinar o filho a não recuar nem se esconder, mas a dialogar e buscar os canais competentes para a solução das dificuldades, o que é um treinamento para a vida.

”

física e violência, é necessário que os adultos interfiram diretamente. Em geral, é aconselhável preparar os filhos para que eles mesmos se posicionem, ficando os responsáveis sempre na retaguarda para avaliar como evolui esse posicionamento.

A razão para isso é que as crianças precisam aprender a lidar com situações negativas da vida por si sós. Os pais devem ensinar o filho a não recuar nem se esconder, mas a dialogar e buscar os canais competentes para a solução das dificuldades, o que é um treinamento para a vida. Afinal, esse é um problema social, que acontece em muitos lugares, como muitos outros com os quais os pequenos terão de lidar quando crescerem.

Então, se a vítima cresce acostumada a que o pai ou a mãe resolva tudo por ele, certamente se encontrará, no futuro, em situações muito difíceis, nas quais não saberá como proceder. É fundamental preparar o filho para tomar atitudes de autodefesa no futuro, tendo ciência de como lidar com as diferentes situações, que vão, com certeza, surgir. Isso, é importante lembrar, faz parte da evolução, do desenvolvimento, do crescimento — faz parte do que significa tornar-se adulto, quando o indivíduo terá de resolver situações por conta própria.

Muitas vezes, os pais ou responsáveis se posicionam com indiferença ao relato de *bullying*. Há quem pense que "isso é coisa de criança" e que não há necessidade de intervirem diretamente. Preciso ressaltar que essa é uma postura que agrava o quadro, pois deixa as vítimas com a sensação de desamparo e insegurança. Se, por um lado, a criança precisa aprender a se virar sozinha, até que isso aconteça deve haver um acompanhamento dos adultos, a fim de que haja informação e proteção.

Isso vale para os pais das vítimas e, também, dos agressores. Se você descobre que seu filho submete outras crianças a *bullying*, não desconsidere essa situação como algo sem importância. Mesmo que seu filho não esteja sofrendo desse mal, perceba que, se ele está assediando colegas, é porque está com problemas. Nesse caso, é bom fazer uma autoavaliação de como anda a situação familiar. Nenhuma criança se torna agressiva e desrespeitosa a troco de nada. Há alguma razão para ela estar se levantando contra os mais vulneráveis. Toda criança deve receber dos responsáveis instruções sobre o respeito pelo outro, pela individualidade e pelas diferenças. Esse é um trabalho de educação, isto é, de transmissão para os mais novos de valores e princípios de respeito e boa convivência.

Alguns pais ensinam o revide. Dizem coisas como: "Se alguém bater em você, bata de volta". Outros ensinam a fuga e orientam: "Se alguém bater em você, fuja, saia correndo". Porém, nem o revide nem a fuga são as melhores atitudes, porque violência gera violência e a fuga dos problemas não os resolve. Essas posturas acabam se tornando um jogo sem fim, que repercutirão negativamente na forma como essa criança agirá na vida adulta diante de situações problemáticas.

O melhor é mesmo orientar a criança agredida a se posicionar e dizer que não permitirá a continuidade dos confrontos, com a proteção de um adulto, mediante diálogo, posicionamento e o envolvimento da escola ou instituição. Evidentemente, cada caso é um caso e demanda uma percepção situacional e histórica, mas, em geral, esse é o caminho mais recomendável.

A criança deve ser instruída a ter firmeza. Deve ser orientada não a lidar com conflitos na base da violência ou da gritaria, mas com posicionamentos sólidos e maduros. Não é fácil, decerto, pois muitas vezes essa não é uma atitude que as crianças possam adotar espontânea ou facilmente. Firmeza de caráter e atitude requer maturidade e personalidade forte, características que nem toda criança possui. Muitas vezes, elas só se desenvolvem mediante experiências e maturação — o que demanda tempo. Mas o revide físico realmente não é o melhor caminho.

Muitos responsáveis por vítimas de *bullying* se perguntam se devem adotar medidas legais. Entendo que isso só deve ocorrer se as pessoas e instituições envolvidas não tomarem atitudes e se portarem de maneira apática frente ao mal. Se o pai procurar a escola, por exemplo, e nada for feito, aí, sim, ele deve ir às instâncias da lei para registrar um boletim de ocorrência. Há leis contra o *bullying* e, portanto, há medidas legais a serem tomadas. A conclusão é que sempre se deve começar pelo mais simples, que é o diálogo com a instituição e os pais do agressor. Mas, se isso não gerar resultados e ninguém tomar uma atitude, é possível fazer uma denúncia, porque há amparo legal para as vítimas.

5

COMO TRATAR OS DANOS

Uma vez que os responsáveis detectam que a criança está sofrendo *bullying* e tomam todas as medidas junto à escola, aos pais dos outros colegas ou a qualquer outra instância envolvida, o esperado é que o problema cesse. Uma vez que isso ocorra e o indivíduo não esteja mais sofrendo agressões, os pais devem ficar atentos, a todo momento, ao seu comportamento. É necessário fazer a criança falar e exteriorizar o que está sentindo, porque, com certeza, esse tipo de situação deixa resquícios de medo.

Essa é uma realidade inevitável, porque as marcas do *bullying* são muito profundas e nem sempre a criança consegue detectá-las. No entanto, elas se manifestam por meio de comportamentos distintos da forma como essa criança se comportava antes de sofrer o assédio.

Por esse motivo, os responsáveis precisam estar perto, observando, conversando, dialogando e analisando.

É importante ressaltar que isso não significa ficar oprimindo com perguntas o tempo todo sobre como a criança está se sentindo e o que ela está pensando, mas proceder a uma observação analítica e diária de seu comportamento. Muitas vezes, ao brincar, os pequenos manifestam sentimentos e pensamentos e deixam escapar comentários ou tomam atitudes que podem revelar algum problema interior. Se isso acontecer, o importante é tomar alguma atitude para que a criança consiga elaborar emocional e psicologicamente as feridas que sofreu.

Se houver qualquer indício de sequelas, é importante consultar um especialista, seja uma psicopedagoga, seja um psicólogo. Nessa hora, é preciso deixar de lado qualquer preconceito ou ideia equivocada de que encaminhar a criança a um especialista significa falha dos responsáveis ou algo do tipo. Às vezes, os filhos estão com problemas — pequenos ou grandes — que podem ser tratados e sanados com a ajuda de um profissional competente, que saiba acompanhar e resolver problemas semelhantes. Para quem tem uma religião, buscar amparo dos líderes espirituais também é de fundamental importância, pois a religiosidade tem muito poder de cura emocional.

Isso não quer dizer que os pais precisam sair correndo em busca de um especialista. Nem sempre isso é necessário. É importante ter calma e analisar a situação, para ver até que ponto a criança foi afetada e ferida de maneira prejudicial ao seu presente e futuro. De todo modo, se for o caso de buscar ajuda especializada, não há mal algum nisso. Há psicólogos muito bem capacitados para acompanhar as crianças e até mesmo a família como um todo, caso haja necessidade.

A percepção da necessidade de se buscar amparo de especialistas ocorrerá com mais naturalidade e prontidão em famílias em que há o hábito de se conversar de maneira transparente sobre sentimentos, amizades e relacionamentos. Como as brincadeiras são um meio de expressão muito comum às crianças, pais que brincam com os filhos abrem as portas para esse canal de comunicação. Além disso, são momentos de compartilhamento que geram confiança e aproximação amorosa e eficaz. Acredite: um abraço é um meio poderoso de criar vínculos e construir pontes emocionais.

É natural que os pais se preocupem com as consequências que uma situação de *bullying* pode gerar no futuro das crianças, seja na adolescência, seja na juventude, seja na

“

Às vezes, os filhos estão com problemas – pequenos ou grandes – que podem ser tratados e sanados com a ajuda de um profissional competente, que saiba acompanhar e resolver problemas semelhantes. Para quem tem uma religião, buscar amparo dos líderes espirituais também é de fundamental importância, pois a religiosidade tem muito poder de cura emocional.

”

idade adulta. Eles devem saber, porém, que todo cuidado, atenção, tratamento e acompanhamento mostram ao filho que estão do lado dele, acompanhando e querendo apoiá-lo em todo o dolorido processo de superação do *bullying*. Por isso, uma atitude amorosa, consciente, solícita e presente é superimportante para evitar que os danos sofridos gerem maiores consequências negativas para o futuro das vítimas.

Nesse sentido, inscrever a criança em aulas de teatro, circo, expressão corporal ou algum outro tipo de atividade cênica pode ser muito valioso, uma vez que, ali, podem pôr para fora as dores da experiência e fortalecer a autoestima.

Evitando novas agressões

Para evitar que a criança volte a sofrer *bullying* depois de uma primeira experiência, é recomendável promover um trabalho de fortalecimento das emoções e da autoestima, com muitos elogios e incentivos. Tudo isso faz parte do desenvolvimento do caráter da criança, postura necessária para que ela se sinta segura e fortalecida e, caso volte a se ver em uma situação de *bullying*, tenha as ferramentas emocionais e psicológicas necessárias para se posicionar e evitar novas agressões.

“

O importante é frisar que o *bullying* não é uma sentença. É perfeitamente possível ser vítima de uma situação do tipo e seguir normalmente com a vida, sem traumas nem ressentimentos. Caso eles ocorram, podem ser tratados em diferentes âmbitos: familiar, psicológico, educacional, religioso.

”

Esse trabalho deve ocorrer individualmente, no ambiente doméstico, ou mesmo no consultório de um psicólogo ou psicopedagogo. Os professores também têm um importante papel no fortalecimento da autoestima da criança e daquilo que ela pensa sobre si mesma. Isso não deve ser feito com mentiras, mas com a verdade intensificada e com palavras de apoio, elogio e incentivo.

Outro aspecto importante a ser tratado tem a ver com os relacionamentos sociais. Como muitas vítimas de *bullying* tendem a ser crianças mais isoladas, elas devem ser incentivadas a fazer amizades e se enturmar, não se isolar. Respeitando-se o temperamento de cada um, não é interessante deixar que crianças e adolescentes se tranquem dentro de casa e vivam sem vínculos presenciais com outros membros da sociedade. Em uma época de relacionamentos virtuais, essa questão deve receber atenção especial, pois as amizades via, por exemplo, redes sociais, não necessariamente são amizades reais.

O importante é frisar que o *bullying* não é uma sentença. É perfeitamente possível ser vítima de uma situação do tipo e seguir normalmente com a vida, sem traumas nem ressentimentos. Caso eles ocorram, podem ser tratados em diferentes âmbitos: familiar, psicológico, educacional, religioso. Perdão é uma atitude que deve ser estimulada, pois muitos estudos já o apontam como um caminho para a paz.

Deve-se pensar o mesmo no caso daqueles que desempenharam o papel de vilões e valentões e impuseram humilhações e agressões a outras pessoas. É frustrante e doloroso para muitos pais cujos filhos fazem *bullying* perceber que seus filhos praticaram o mal. Se os responsáveis são pessoas centradas, eles costumam perceber que o filho está com problemas e sua postura agressiva é altamente frustrante e incômoda. Nesse caso, a análise psicológica comportamental deve ter como finalidade identificar a raiz do problema e o que precisa ser tratado, a fim de que a criança problemática mude de atitude.

Assim, é comum que pais de agressores vivam momentos de frustração e desânimo. Isso não deve desmotivá-los a buscar dialogar com eles para entender por que têm tomado essas atitudes. Isso inclui uma autoavaliação familiar, para ver quais dificuldades, inconvenientes ou posturas têm levado essas crianças ou esses adolescentes a agirem com vilania e agressividade. É uma situação delicada e que merece toda atenção e cuidado, tanto quanto no caso das vítimas. Por que a raiva? Por que o ódio? Por que o prazer de oprimir outros seres humanos? Por que a violência, a intolerância e a falta de respeito pelo outro e sua individualidade? Essas questões precisam, necessariamente, ser respondidas, o que muitas vezes ocorre mediante tratamento psicológico — para a criança e, se for o caso, a família —, no intuito de diagnosticar a raiz dos problemas.

Cabe aqui uma lembrança: se os responsáveis identificarem que seus filhos não são os promotores nem as vítimas de casos de *bullying,* mas conhecem ou mesmo testemunham presencialmente casos frequentes de agressão e não fazem nada a respeito, deve-se analisar a causa dessa indiferença. Indivíduos que assistem à opressão de outros e não tomam nenhuma atitude precisam, do mesmo modo, de diálogo e preocupação, pois demonstram falta de empatia. E, a meu ver, isso é um problema sério. O que pode levar alguém a presenciar agressões, machucados, choro e violência sem tomar atitudes concretas para cessar aquilo? Crianças que não praticam *bullying*, mas ficam assistindo a essa prática e não fazem nada para impedi-la também carecem de análise e atenção.

Como se pode perceber, todos os envolvidos em situações de *bullying* precisam estar debaixo de olhares atentos, pois, guardadas as proporções do papel de cada um, é necessário personalizar a postura de tratamento, dedicação especial e diálogo.

Desdobramentos

Embora o problema do *bullying* sempre tenha existido nas sociedades humanas, em nossos dias o problema ganhou grandes proporções e, felizmente, muita atenção. Já ficou claro que não se trata de algo sem importância, mas, sim, que tem desdobramentos pessoais e sociais profundos.

Em grande parte, esse agravamento no século 21 se deve à ausência dos pais na vida dos filhos. Hoje, eles dizem ter pouco tempo disponível para ficar com as crianças, e isso faz com que, de alguma maneira, não as conheçam bem. Logo, não conseguem acompanhar seus problemas, traumas, dores, rancores e ressentimentos. Os relacionamentos frequentemente são muito pragmáticos e superficiais. Assim, as crianças e os adolescentes se veem obrigados a lidar com situações problemáticas sem amparo, orientação ou segurança.

Então, se o responsável não está presente no dia a dia da criança, se não há diálogo, acompanhamento ou conhecimento, ela acumula frustrações e desencantos. Não consegue se expressar nem perguntar. Recebe montes de informações e entende muito pouco. Sem ninguém experiente com quem conversar, vai juntando marcas negativas que não serão tratadas. Dá para imaginar onde isso vai dar.

É importante ressaltar que não estou culpando ninguém, mas dizendo que essa é uma consequência de uma situação social de ausência paterna e materna no cotidiano dos filhos, o que, sem dúvida, é um agravante para o problema do *bullying*. Essa realidade não começa na adolescência, mas desde o nascimento do bebê. Hoje, muitos filhos ficam mais tempo com outras pessoas do que com os pais e aprendem valores e princípios enviesados. Acabam desenvolvendo maneiras de agir e tratar as demais pessoas que não necessariamente refletem o pensamento de seus responsáveis. Enquanto muitos ocupam o tempo e as energias com o ganho de dinheiro e o acúmulo de bens, negligenciam os filhos. Mas isso pode ser remediado.

Cada família deve fazer questionamentos constantes sobre como tem lidado com o desenvolvimento de seus membros mais novos. A sociedade precisa refletir sobre isso, e as famílias também. A partir das conclusões, tem de tomar decisões realistas e eficazes, em equilíbrio com as necessidades, a fim de transformar os quadros negativos. Sempre há solução! É preciso que cada pai, avô ou responsável faça avaliações

“

Cada família deve fazer questionamentos constantes sobre como tem lidado com o desenvolvimento de seus membros mais novos. A sociedade precisa refletir sobre isso, e as famílias também. A partir das conclusões, tem de tomar decisões realistas e eficazes, em equilíbrio com as necessidades, a fim de transformar os quadros negativos.
Sempre há solução!

”

constantes de quanta atenção tem dado aos que dependem de si, sabendo que podem mudar situações problemáticas, para o bem das crianças, dos adolescentes e dos jovens — que são os futuros adultos que conduzirão a sociedade.

Esse é um constante processo de reflexão, diagnóstico, arrependimento, perdão e transformação. Para que isso aconteça, é fundamental haver consciência da necessidade de cada uma das etapas desse processo, em especial do perdão. É necessário entender o que é perdão, como se processa e o que gera. Perdoar significa deixar livre o outro, cortar toda e qualquer dependência emocional que leve a querer retaliação, vingança. O perdão tem tudo a ver com a canalização dos traumas e problemas e com uma mudança de rumo — parte essencial do tratamento dos danos sofridos no *bullying*.

Cabe lembrar que o opressor também precisa se perdoar, para que não entre em um processo de culpa e autopunição. Por meio do perdão do agredido e do autoperdão do agressor, é até mesmo possível que ambos estabeleçam um relacionamento amigável. Esse é o melhor dos mundos.

6

CYBERBULLYING

Se o *bullying* é um problema que existe há séculos, a pós-modernidade gerou um desdobramento típico do século 21: o *cyberbullying*. Trata-se da prática da violência contra alguém por meio da internet ou de outras tecnologias. O fato é que crianças, adolescentes e jovens têm utilizado o espaço virtual para intimidar ou hostilizar pessoas. Isso é feito da mesma maneira, de modo recorrente, de um jeito que lembra uma espécie de perseguição *on-line*, com frases, fotografias ou informações que amedrontam e inibem seus alvos.

A diferença fundamental entre o *bullying* presencial e o virtual é que o *cyberbullying* é mais fácil, uma vez que seus praticantes o promovem de forma anônima. Sem revelar sua identidade, postam informações visuais ou em forma de texto a fim de atacar determinada pessoa. Muitas vezes, isso ocorre por meio de perfis falsos em redes sociais, sem ninguém saber o autor da agressão. Isso torna o *cyberbullying* muitas vezes mais danoso do que o praticado pessoalmente, pois o agressor é capaz de atitudes que não teria coragem de adotar se estivesse exposto.

No *cyberbullying*, o assédio é constante, opressor e gera tantos problemas emocionais que pode levar ao desespero. Em casos extremos — que não são poucos —, podem levar as vítimas ao suicídio, sejam elas adolescentes, sejam jovens, sejam adultos. É um problema realmente complexo e sério, principalmente considerando os casos extremos.

A situação é muito pior quando as crianças ou os adolescentes que passam por ataques virtuais não têm um relacionamento franco e aberto com os pais. Diante da falta de diálogo, eles absorvem sozinhos a agressão e, sem ter com quem falar nem quem os orientar, chega um momento em que não conseguem lidar com a situação. Para muitos, o peso é tanto que tirar a própria vida parece ser o único caminho.

O que é importante nessa situação é que haja orientação e vigilância da parte dos pais ou responsáveis. Eles precisam tomar consciência do que está acontecendo. Conversas francas e regulares com os filhos, oferecimento de ajuda, franqueza e orientações prévias são essenciais. Dependendo

“

Os pais ou responsáveis devem exercer um controle rigoroso sobre o que os filhos postam na internet, como fotos, informações confidenciais, o que for. Também é importante estabelecer um controle sobre os *sites* acessados e sobre as conversas realizadas. A pergunta deve ser, sempre: a que meu filho está assistindo e com quem está se comunicando?

”

da gravidade do que for feito, é necessário recorrer às delegacias especializadas em crimes virtuais a fim de rastrear e identificar quem está promovendo o assédio e, com isso, fazer cessar o problema.

A orientação preventiva é não aceitar convites estranhos pela internet para nada, mesmo que os solicitantes pareçam pessoas conhecidas ou confiáveis. Também é importante denunciar quando isso acontece. Os responsáveis pela vítima devem ser notificados imediatamente, e qualquer conteúdo precisa ser apresentado a eles, por mais que sejam constrangedores ou embaraçosos.

Os pais ou responsáveis devem exercer um controle rigoroso sobre o que os filhos postam na internet, como fotos, informações confidenciais, o que for. Também é importante estabelecer um controle sobre os *sites* acessados e sobre as conversas realizadas. A pergunta deve ser, sempre: a que meu filho está assistindo e com quem está se comunicando?

Hoje, a internet é um meio de comunicação que abre as portas do mundo para a casa de crianças e adolescentes. Os pais pensam que seus filhos estão seguros porque estão em casa, mas se esquecem de que, por meio da internet, estão conectados com o outro lado do planeta. Não há mais isolamento delimitado pelas paredes da residência, qualquer pessoa pode invadir o ambiente doméstico por meio de um cabo ou rede sem fio. E a triste realidade é que a maioria dos pais não tem a menor ideia de com quem os filhos estão se comunicando e o que estão acessando.

A internet tem outro agravante. Não é incomum que o usuário tente entrar em *sites* para procurar informação sobre qualquer coisa e, de repente, aparecem *links, banners* ou *pop-ups* que levam a outros *sites* que não são convenientes nem adequados para menores de idade. A realidade é que não é necessário nem mesmo procurar coisas erradas, pois elas aparecem sozinhas.

Então, os pais precisam monitorar os *sites* sem medo, bem como os *chats,* as conversas via aplicativos e toda forma de comunicação virtual com o mundo exterior. Ter ciência do que os filhos acessam não é manipulação nem invasão de privacidade, é zelo motivado por amor. Não custa lembrar que os pais têm a responsabilidade perante a lei de educar os filhos. Isso inclui monitorar sua atividade virtual, estabelecer mecanismos de controle, colocar senhas e ações semelhantes.

A orientação sobre modos de evitar o *cyberbullying* precisa acontecer desde o fim da infância, pois, em nossos dias, as escolas já estão pedindo a crianças de 8 ou 9 anos que façam pesquisas na internet como parte de atividades e deveres de casa. Com isso, desde cedo elas começam a acessar *sites* e a utilizar ferramentas de busca. É quando surge o perigo de deparar com imagens, vídeos ou informações inconvenientes. Por isso, sempre que a criança precisar realizar qualquer atividade *on-line*, deve ser junto dos responsáveis e debaixo de sua supervisão.

Porém, é na adolescência que essa orientação precisa acontecer com mais ênfase e cuidado, porque essa é a fase da curiosidade e do início da produção de hormônios. Tudo isso gera impulsos para conhecer o que antes não interessava. Os pais precisam falar abertamente sobre os perigos, sem receios nem reservas. Se muitos que têm diálogo aberto com seus responsáveis caem na artimanha de pessoas maldosas, quanto mais os desinformados. Há muitos estranhos que abordam menores pela internet, com mentiras e ofertas atraentes, no intuito de enganá-los e tirar proveito de sua ingenuidade.

A realidade é que a internet avançou em muito pouco tempo, criou ferramentas e mecanismos inéditos, e muitos pais não sabem como lidar com os perigos que chegam à velocidade dos avanços tecnológicos. Porém, a prevenção deve ser feita por meio de estratégias que não são nada novas: os antigos e tradicionais diálogo, orientação, franqueza, transparência, proximidade e amor. Portanto, fale abertamente com seus filhos, exponha os perigos, não tenha medo de monitorar, não receie colocar senhas.

Todos sabemos que a adolescência é uma idade em que muitos são tomados pela rebeldia, o que pode dificultar bastante o relacionamento. No entanto, isso não deve acovardar ou desmotivar os pais. Se for o caso, é importante informar os filhos de que seu controle se deve ao fato de que você os ama e se preocupa com eles.

Como detectar e combater o *cyberbullying*

Como os pais ou responsáveis podem detectar que os filhos estão sofrendo *cyberbullying*? Em geral, quando uma criança ou um adolescente está sofrendo esse tipo de ataque, há mudanças de comportamento muito semelhantes às que ocorrem no *bullying* presencial. É possível verificar o desejo por isolamento, mudanças de temperamento, irritabilidade, mau desempenho súbito na escola, dificuldades de relacionamento com os amigos ou distanciamento dos pais.

Portanto, sempre que o responsável perceber alguma mudança no comportamento habitual dos filhos, é importante redobrar a atenção, abrir os olhos, ir atrás, investigar e, mantendo a calma, ouvir tudo o que eles tiverem para falar. Mesmo que eles confessem ter entrado em *sites* que você proibiu ou algo assim, não é hora de confrontos raivosos, pois isso só os fará se fechar e distanciar mais. É hora de, por meio de um relacionamento de confiança, buscar a solução do problema. A disciplina pode vir em um segundo momento.

O que fazer com todo esse mundo novo que está se abrindo diante deles, com todas essas situações que estão se apresentando, para as quais eles não estavam nem preparados? Tome atitude, sim, controle, supervisione, coloque senha, tome medidas, imponha regras, estabeleça horários, nunca deixe seus filhos ficarem na internet enquanto vocês estão dormindo, não deixe o computador no quarto deles, confisque, tenha-os perto.

Algumas medidas protetoras importantes são muito impopulares entre as crianças e os adolescentes, mas é tudo pelo bem-estar e pela saúde emocional, física e psicológica deles. O que é essencial é tomar atitudes com calma, sem

“Para cessar o assédio de alguém que promove *cyberbullying*, o caminho é não responder, não entrar no jogo. Vítimas desse tipo de violência não devem responder. Por mais chateada e irada que a pessoa possa estar se sentindo, por mais contrariada em decorrência das mentiras, das fotos ou dos vídeos postados na internet, não se deve deixar influenciar.”

agressões, com perseverança e consistência, a fim de ajudar os filhos com base no amor.

Para cessar o assédio de alguém que promove *cyberbullying*, o caminho é não responder, não entrar no jogo. Vítimas desse tipo de violência não devem responder. Por mais chateada e irada que a pessoa possa estar se sentindo, por mais contrariada em decorrência das mentiras, das fotos ou dos vídeos postados na internet, não se deve deixar influenciar. A criança ou o adolescente deve imediatamente informar os pais e, juntos, decidirem as melhores medidas a adotar.

Bloquear os ofensores não é má ideia. Se houver dano emocional significativo, é importante procurar um profissional e não ficar fechado em si mesmo, remoendo a raiva, a humilhação e a mágoa. E é essencial juntar provas, guardar os *e-mails* e fazer *prints* das evidências, a fim de acumular provas caso seja necessário chegar ao ponto de procurar a polícia. Não se deve ter receio de procurar a polícia especializada em crimes virtuais, junto com os pais, a fim de identificar, dependendo do caso, que medidas legais podem ser adotadas para fazer cessar o mal e punir os culpados.

O *cyberbullying* está se tornando um problema muito frequente e, até mesmo, violento. Nos casos em que for preciso, é necessário tomar medidas extremas. Muitas agressões começam de maneira leve e vão escalando até alcançar graus de intensidade equivalentes ao da tortura. Uma vez que se identifica quem é o agressor e cessa o *cyberbullying*, os pais precisam tomar medidas para evitar que novas situações como essas ocorram. Se for identificado que há problemas de diálogo, transparência e confiança entre os membros da família, deve-se tratar disso e sanar o problema.

Caso o *cyberbullying* tenha afetado o equilíbrio emocional da criança ou do adolescente, provocando agressividade, irritação, isolamento, falta de apetite ou outras mudanças de comportamento ou humor, é importante encaminhá-lo a uma terapia especializada.

CONCLUSÃO

Existe um versículo na Bíblia em que podemos basear o principal cuidado que devemos ter com nossos filhos se desejamos evitar que eles se tornem vítimas do *bullying*. É um versículo igualmente útil para que eles saibam se comportar adequadamente caso venham a sofrer esse tipo de agressão: "Ensine seus filhos no caminho certo, e, mesmo quando envelhecerem, não se desviarão dele" (Provérbios 22.6). Essa é uma atitude essencial ao processo de educação e deve ser posta em prática.

Os pais precisam assumir a responsabilidade da educação dos filhos, para enfrentar as dificuldades que são impostas às novas gerações, com responsabilidade, seriedade, entendimento e abertura. Isso deve ser feito sem medos nem receios, abertamente, com diálogo, com base em um amor traduzido em regras e limites. É preciso passar tempo juntos, para que haja ocasiões de ensinamento. O problema do *bullying* é sério, e a responsabilidade da educação dos filhos é dos pais ou responsáveis.

Essa responsabilidade precisa ser assumida integralmente. Ninguém erra na educação dos filhos de propósito, mas, se há negligência, é necessário verificar a origem do mal e buscar saná-lo quanto antes. A ausência dos pais é algo muito sério e traz consequências das quais muitos se arrependem posteriormente. Logo, é melhor tomar as rédeas da situação desde que a criança nasce, criando canais confortáveis de diálogo e estabelecendo limites, regras e rotinas.

Nosso papel é assumir uma posição preventiva e, se necessário, emergencial. O que não podemos é virar as costas ao problema, pois nossos pequenos dependem de nós. *Bullying* e *cyberbullying* são males graves, e como tal devem ser vistos e enfrentados. Precisamos combatê-los com coragem e muita responsabilidade, porque estamos falando de seres humanos e, mais que isso, de indivíduos que estão entre os mais importantes de nossa vida.

Tenho certeza de que, se levarmos a sério o cuidado decorrente do amor com os pequenos, faremos deles cidadãos de bem, com caráter, habilitados a interagir e viver em sociedade.

SOBRE A AUTORA

A educadora Cris Poli tornou-se conhecida em todo o país quando foi selecionada para comandar a versão brasileira do programa de televisão *Supernanny*. Casada há 53 anos, é mãe de três filhos e avó de cinco netos. Argentina de nascimento, formou-se em Educação em seu país natal. Mudou-se há mais de quarenta anos para o Brasil, onde cursou licenciatura em Letras, Inglês–Português, na Universidade de São Paulo. Autora de nove livros, atua como palestrante em instituições de ensino, igrejas e empresas. É membro da Igreja Cristã do Morumbi, em São Paulo.

Obras da mesma autora:

Ter um filho muda para sempre a vida da futura mamãe e do futuro papai. Chegando no momento planejado ou não, um filho é sempre um grande presente, mas que precisa ser orientado com a seriedade necessária.

Partindo da premissa de que a responsabilidade de educar os filhos é dos pais, Cris Poli apresenta conselhos preciosos para que, trabalhando em equipe, pai e mãe se saiam bem nessa tarefa. Com exemplos próprios e de famílias que conheceu ao longo de sua carreira como educadora, a autora mostra de forma extremamente prática a melhor maneira de os pais agirem em diversas situações do dia a dia.

Obras da mesma autora:

A máxima "Faça o que eu digo, não faça o que eu faço" não funciona quando o assunto é criação de filhos. As crianças, desde muito pequenas, observam e se espelham nas atitudes e no comportamento dos pais, muito mais do que em seus ensinamentos verbais ou broncas.

Todo pai e toda mãe deseja que os filhos sejam amorosos, alegres, pacíficos e pacificadores, pacientes, tolerantes, amáveis, bondosos, fiéis, mansos e que tenham domínio próprio. Então, lembre-se: eles precisam ver essas características em você primeiro!

Neste livro, Cris Poli ajudará você a transmitir valores importantes a seus filhos, com a didática que eles compreendem melhor: seu exemplo pessoal.

Obras da mesma autora:

Já parou para pensar que, além de você, tem mais gente educando seus filhos, e que essas pessoas exercem uma tremenda influência na maneira como eles pensam, agem e falam?

Seus filhos passam grande parte do tempo em contato com avós, tios, seus amigos e os coleguinhas deles, além da escola e da mídia. Por isso, eles absorvem valores e informações que, com indesejável frequência, não são aqueles que você gostaria de transmitir aos pequenos. Certamente, nem toda influência externa é ruim, mas, como o maior responsável pela criação de seus filhos, este assunto é da sua conta e este livro é para você!

Obras da mesma autora:

Pais e mães sofrem por não saberem como agir em diversas situações que envolvem os filhos. Seja pela inexperiência dos primeiros anos de paternidade ou pelo estresse da rotina, o fato é que episódios aparentemente simples podem se transformar numa grande dor de cabeça. Esse livro foi escrito para ajudar pais e mães a resolver questões que surgem com a chegada dos filhos ou aquelas situações estressantes do dia a dia, como disciplina, relacionamento, educação, saúde, alimentação, sexualidade e tecnologia.

O objetivo deste livro é oferecer socorro imediato, para que, se necessário, você tenha tempo de buscar, sem angústia e com paz no coração, esclarecimentos mais completos. Faça dele seu livro de cabeceira e você poderá evitar muitos problemas.

Compartilhe suas impressões de leitura,
mencionando o título da obra, pelo e-mail
opiniao-do-leitor@mundocristao.com.br
ou por nossas redes sociais

Esta obra foi composta com tipografia Bembo Std

www.ingramcontent.com/pod-product-compliance
Ingram Content Group UK Ltd.
Pitfield, Milton Keynes, MK11 3LW, UK
UKHW040313300826
14791UKWH00003B/866

9 786559 880942